BEI GRIN MACHT SICH IHR WISSEN BEZAHLT

Bibliografische Information der Deutschen Nationalbibliothek:

Die Deutsche Bibliothek verzeichnet diese Publikation in der Deutschen National-
bibliografie; detaillierte bibliografische Daten sind im Internet über http://dnb.d-
nb.de/ abrufbar.

Impressum:

Copyright © 2018 GRIN Verlag
Druck und Bindung: Books on Demand GmbH, Norderstedt Germany
ISBN: 9783668911444

Dieses Buch bei GRIN:

https://www.grin.com/document/461312

Julia Keller

Beweglichkeits- und Koordinationstraining

Erstellung und Durchführung eines exemplarischen Trainingsplans

GRIN Verlag

GRIN - Your knowledge has value

Der GRIN Verlag publiziert seit 1998 wissenschaftliche Arbeiten von Studenten, Hochschullehrern und anderen Akademikern als eBook und gedrucktes Buch. Die Verlagswebsite www.grin.com ist die ideale Plattform zur Veröffentlichung von Hausarbeiten, Abschlussarbeiten, wissenschaftlichen Aufsätzen, Dissertationen und Fachbüchern.

Besuchen Sie uns im Internet:

http://www.grin.com/

http://www.facebook.com/grincom

http://www.twitter.com/grin_com

Deutsche Hochschule für
Prävention und Gesundheitsmanagement
Hermann Neuberger Sportschule 3
66123 Saarbrücken

Einsendeaufgabe

Fachmodul: Trainingslehre 3

Studiengang: BGM

**Datum
Präsenzphase:** 10.-12.09.2018

Name, Vorname: Keller, Julia

Studienort: **Hamburg**

Semester: **WS 2016**

Inhaltsverzeichnis

1 Diagnose

Das erste Kapitel fasst alle Informationen über die Person „Frau A." bezüglich der allgemeinen und biometrischen Daten zusammen, um die Trainierbarkeit zu bewerten und ein geeignetes Beweglichkeits- und Koordinationstraining in den darauffolgenden Kapiteln für die Person zu erstellen.

1.1 Allgemeine und biometrische Personendaten

Tab. 1: Allgemeine Daten der Frau A.

Allgemeine Daten	
Alter	35 Jahre
Geschlecht	Weiblich
Körpergröße	168 cm
Körpergewicht	67 kg
Blutdruck	124/70 mmHg
Trainingsmotive	Verbesserung der Beweglichkeit in der Brustmuskulatur
	Verbesserung der Beweglichkeit der ischiocruralen Muskulatur
	Im Winter nicht auf eisigen Flächen ausrutschen
	Subjektives Wohlbefinden steigern
Berufliche Tätigkeit	Verwaltungsassistentin, 90% sitzend, 10% stehend, hoher Stresspegel
Aktuelle sportliche Tätigkeiten	Einmal pro Woche die Woche 30 Minuten Nordic Walking (Gruppe)
Frühere sportliche Tätigkeiten	Vor 5 Jahren mit Schwimmen aufgehört (Freizeitmäßig)
Hobbies	Hobbyautorin von Romanen
Zeitlicher Verfügungsrahmen	Täglich eine Stunde
Orthopädische Einschränkungen	Totalrundrücken (Diagnose des Orthopäden)
	Eingeschränkte Beweglichkeit des großen Brustmuskels (subjektives Empfinden)
	Eingeschränkte Beweglichkeit der ischiocruralen Muskulatur (subjektives Empfinden)
Internistische Einschränkungen	Keine
Einnahme von Medikamenten und sonstige Einschränkungen	Keine
Ärztliche Behandlungen	Keine

1.2 Bewertung in Bezug auf die Trainierbarkeit

Frau A. hat keine gravierenden orthopädischen oder internistischen Einschränkungen, die ein Beweglichkeits- oder Koordinationstraining kontraindizieren oder stark beeinträchtigen (Lindel, 2006, S. 34). Sie ist mit einem BMI von 23,7 im normalgewichtigen Bereich, welcher zwischen 18,5 und 24,9 definiert wird (Pi-Sunyer, 1998, S. 14). Ihr Blutdruck befindet sich nach der Einteilung der European Society of Cardiology nach Mancia (2013 S. 2165) ebenfalls im Normbereich, welches der folgenden Tabelle entnommen werden kann:

Tab. 2: Tabellarische Einteilung der Blutdruckwerte der European Society of Cardiology nach Mancia et al. (2013, S. 2165)

	Systolisch (mmHg)	Diastolisch (mmHg)
Optimaler Blutdruck	< 120	< 80
Normaler Blutdruck	120 – 129	80 – 84
Hoch-normaler Blutdruck	130 – 139	85 - 89

Zusätzlich wurde bei Frau A. ein Totalrundrücken diagnostiziert, der höchstwahrscheinlich durch die unnatürliche Haltung in Beruf und Hobby und die dadurch resultierende eingeschränkte Beweglichkeit entstanden ist. Auch das Wohlbefinden von Frau A. leidet unter diesen Einschränkungen, da es sie in Ausführung von Alltagstätigkeiten einschränkt. Sie möchte sich außerdem als Ziel setzen, im Winter nicht mehr auf eisigen Flächen auszurutschen. Es muss aufgrund der geringen sportlichen Erfahrung und den subjektiv wahrgenommenen Einschränkungen vorsichtig begonnen werden.

2 Beweglichkeitstestung

Nachdem einer ausführlichen Anamnese wird im zweiten Kapitel die Beweglichkeit, also „Bewegungen willkürlich und gezielt mit der erforderlichen bzw. optimalen Schwingweite der beteiligten Gelenke ausführen zu können" (Martin et al., 1993, S.214) getestet. Dieser Test wurde am späten Nachmittag um 17 Uhr bei einer Zimmertemperatur von 21° Celcius durchgeführt. Die Brustmuskulatur (M. pectoralis major), Hüftbeugemuskulatur (M. iliopsoas), Kniestreckmuskulatur (M. rectus femoris), Kniebeugemuskulatur (Mm. ischiocrurales) und Wadenmuskulatur (Mm. triceps surae) werden anhand eines vereinfachten Testverfahren des Muskelfunktionstests in Anlehnung an Janda (2000, S 255 ff.) manuell getestet. Dieser prüft das maximale Ausmaß des entsprechenden Gelenkwinkels. Anschließend wird der Test ausgewertet und bezüglich der im ersten Kapitel erhobenen Daten interpretiert.

2.1 Detaillierte Beschreibung der Testdurchführung für jede Testübung

Tab. 3: Beschreibung der Testdurchführung nach Janda (2000)

Muskulatur	Beschreibung der Testdurchführung
Brustmuskulatur (M. pectoralis major)	Frau A. legt sich mit angewinkelten Beinen und abgestellten Füßen in Rückenlage auf die Behandlungsliege, um das Becken zu fixieren. Der Brustkorb wird durch leichten Zug mit einer Hand oder Unterarm des Testers fixiert. Der im Schultergelenk abduzierte und außenrotierte Arm wird in einem 90 Grad Beugewinkel getestet. Währenddessen achtet der Tester zusätzlich darauf, dass Frau A. ihr Becken nicht von der Behandlungsliege löst und eine Hyperlordose vermeidet, um ein adäquates Ergebnis erzielen zu können und das Testergebnis nicht zu verfälschen. Der Messwinkel ist dabei die Horizontale des Oberarms (Janda, 2000, S. 270).
Hüftbeugemuskulatur (M. iliopsoas)	Frau A. legt sich in Rückenlage auf die Behandlungsliege und rutscht so weit zurück, dass das Gesäß mit dem Rand der Liege abschließt und beide Beine im Überhang sind. Das nicht zu testende Bein wird maximal, bei Bedarf auch mit Hilfe des Testers, an den Körper angezogen. Das freie, zu testende Bein wird nun bezüglich der Hüftflexion beobachtet, indem es hängen bleibt. Es ist wichtig, dass Frau A. ihr Becken nicht von der Behandlungsliege löst und eine Hyperlordose vermeidet um ein adäquates Ergebnis erzielen zu können und das Testergebnis nicht zu verfälschen. Der Messwinkel ist dabei der Hüftbeugewinkel, also die Position des Oberschenkels im Verhältnis zur Körperlängsachse (Janda, 200, S. 258).
Kniestreckmuskulatur (M. rectus femoris)	Frau A. legt sich in Rückenlage auf die Behandlungsliege und rutscht so weit zurück, dass das Gesäß mit dem Rand der Liege abschließt und beide Beine im Überhang sind. Das eine Bein wird maximal an den Körper angewinkelt, das zu testende Bein wird durch den Tester in einen maximalen Hüftextensionswinkel gebracht und dieses Bein wird dann in den maximal möglichen Kniebeugewinkel geführt. Der Messwinkel ist somit der Kniebeugewinkel, also der Winkel zwischen Ober- und Unterschenkel. Es ist wichtig, dass Frau A. ihr Becken nicht von der Behandlungsliege löst, um ein adäquates Ergebnis erzielen zu können und das Testergebnis nicht zu verfälschen (Janda, 200, S. 258).
Kniebeugemuskulatur (M. ischiocrurales)	Frau A. legt sich in Rückenlage auf die Behandlungsliege und rutscht so weit zurück, dass das Gesäß mit dem Rand der Liege abschließt und beide Beine im Überhang sind. Das zu testende Bein wird durch den Tester maximal in die Hüftflexion gebracht, wobei darauf geachtet werden muss, dass das Kniegelenk vollständig gestreckt bleibt und die Patella nicht berührt wird. Das andere Bein bleibt im Hüft- und Kniegelenk gebeugt. Der Messwinkel ist somit der Winkel zwischen Beinachse und Longtitudinalchse. Es ist wichtig, dass Frau A. ihr Becken nicht von der Behandlungsliege löst und eine Hyperlordose vermeidet, um ein adäquates Ergebnis erzielen zu können und das Testergebnis nicht zu verfälschen (Janda, 200, S. 261).
Wadenmuskulatur (Mm. triceps surae)	Frau A. legt sich in Rückenlage auf die Behandlungsliege und streckt das zu testende Bein aus, sodass die distale Hälfte des Unterschenkels über die Liege hinausragt. Das nicht zu testende Bein ist angewinkelt, der Fuß hat Kontakt zur Liege. Mit beiden Händen muss der Tester nun den Fuß des zu testenden Beines an der Ferse und an der Fußaußenkante greifen. An der Ferse wird mit einem Zug distalwärts gezogen, die andere Hand drückt mit dem Daumen den Vorderfuß in die Richtung des Schienbeins. Es ist wichtig, dass der Tester den Druck nicht in die Mitte der Fußsohle ausübt, um ein adäquates Ergebnis erzielen zu können und das Testergebnis nicht zu verfälschen. Man kann den Schollenmuskel (M. soleus) isoliert testen, indem der Tester das Kniegelenk nach Erreichen der maximalen Dorsalextension beugt und somit das Bewegungsausmaß vergrößert. Eine Testung des Zwillingswadenmuskels (M. gastrocnemius) ist nur bei vollständiger Streckung des Kniegelenks möglich (Janda, 200, S. 255).

2.2 Richtwerte zur Beurteilung und Darstellung der Testergebnisse

In folgender Tabelle werden die Richtwerte des manuellen Beweglichkeitstests und die Ergebnisse von Frau A. aufgeführt. Die Bewertung erfolgt in einer dreistufigen Einteilung:

Tab. 4: Richtwerte zur manuellen Beweglichkeitstestung nach Janda (2000) und individuelle Ergebnisse

Testübung	Richtwerte	Ergebnisse
Brustmuskulatur (M. pectoralis major)	Stufe 0: Keine Beweglichkeitsdefizite, Oberarm erreicht die Horizontale, durch leichten Druck des Testers kann der Oberarm unter die Horizontale bewegt werden. Stufe 1: Leichte Beweglichkeitsdefizite; Oberarm erreicht die Horizontale nicht; durch leichten Druck des Testers kann Oberarm unter die Horizontale bewegt werden. Stufe 2: Deutliche Beweglichkeitsdefizite; Oberarm erreicht Horizontale auch durch Druck des Testers nicht (Janda, 2000, S. 271).	Rechts: 2 Links: 2
Hüftbeugemuskulatur (M. Iliopsoas)	Stufe 0: Keine Beweglichkeitsdefizite; Oberschenkel erreicht horizontale Position; Mit Hilfe des Testers kann durch leichten Druck der Oberschenkel unter die horizontale Position bewegt werden Stufe 1: Leichte Beweglichkeitsdefizite; leichte Hüftbeugestellung; Mit Hilfe des Testers kann durch leichten Druck der Oberschenkel bis zur horizontalen Position bewegt werden. Stufe 2: Deutliche Beweglichkeitsdefizite; Oberschenkel erreicht horizontale Position auch mit Druck des Testers nicht (Janda, 2000, S. 259).	Rechts: 1 Links: 1
Kniestreckmuskulatur (M. rectus femoris)	Stufe 0: Keine Beweglichkeitsdefizite; Unterschenkel hängt senkrecht herab; Mit Hilfe des Testers kann durch leichten Druck die Kniebeugung vergrößert werden Stufe 1: Leichte Beweglichkeitsdefizite; Unterschenkel ist leicht nach vorne gestreckt; Mit Hilfe des Testers kann durch leichten Druck ein 90° Kniebeugewinkel erreicht werden Stufe 2: Deutliche Bewegungsdefizite, Unterschenkel ist deutlich nach vorne gestreckt, auch mit Hilfe des Testers wird der Kniebeugewinkel von 90° nicht erreicht (Janda, 2000, S.259).	Rechts: 0 Links: 0
Kniebeugemuskulatur (M. ischiocrural)	Stufe 0: Kein Beweglichkeitsdefizit; Flexion im Hüftgelenk ist im Ausmaß von 90° zu erreichen Stufe 1: Leichte Beweglichkeitsdefizite; Flexion im Hüftgelenk ist bis zwischen 80°-90° zu erreichen Stufe 2: Deutliche Beweglichkeitsdefizite; Flexion im Hüftgelenk ist nur unter 80° zu erreichen (Janda, 2000, S. 262)	Rechts: 2 Links: 2
Wadenmuskulatur (Mm. triceps surae)	Stufe 0: Keine Beweglichkeitsdefizite; Dorsalextension ist mindestens bis zur 0° Stellung zu erreichen Stufe 1: Leichte Beweglichkeitsdefizite; 0° Stellung ist nicht erreichbar; eine Dorsalextension ist aber möglich Stufe 2: Deutliche Beweglichkeitsdefizite; eine Dorsalextension ist nur bis 10° unterhalb der 0° Stellung zu erreichen (Janda, 2000, S. 255)	Rechts: 1 Links: 1

2.3 Interpretation der Testergebnisse

Die Ergebnisse der manuellen Beweglichkeitstestung weisen diverse Bewegungseinschränkungen auf. Die Brustmuskulatur und Kniebeugemuskulatur weisen starke Beweglichkeitsdefizite auf, die Waden- und Hüftbeugemuskulatur leichte Defizite. Keine Beweglichkeitsdefizite hat Frau A. in der Kniestreckmuskulatur.

Diese Ergebnisse stimmen auch dem subjektiven Empfinden überein:

Nach Dordel (1975, S. 40 ff.) kommt es zu Muskelverkürzungen, wenn es bei einer einseitigen Haltung im Alltag an Dehnungsreizen mangelt und das Ungleichgewicht zwischen Agonisten und Antagonisten nicht ausgeglichen wird. Eine muskuläre Dysbalance entsteht und führt zu einer Fehlhaltung, wie bei Frau A. der Totalrundrücken (Dordel, 1987, S. 222). Die nicht beanspruchte Muskulatur passt sich dem Ausmaß der Bewegung im Alltag an. Zusätzlich spielen weitere endogene und exogene Faktoren eine Rolle.

Endogene Faktoren sind personenspezifische und anthropometrische Einflussfaktoren. Unter personenspezifischen Faktoren sind das Alter, Geschlecht, die psychische Spannung und die Abnutzung der Gelenke zu verstehen. Das steigende Alter beeinflusst die Beweglichkeit negativ, da die allgemeine Beweglichkeit bei einer Nichtverwendung des Gelenks schon ab dem 10. Lebensjahr sinkt (Baur et al., 1994, S. 186 ff.). Die hohe psychische Spannung, die Frau A. während ihrer beruflichen Tätigkeit angibt, kann die Einschränkungen der Beweglichkeit verstärken. Die psychische Anspannung und der daraus resultierende, dauerhaft erhöhte Muskeltonus manifestieren sich bei ihr in der Brustmuskulatur (Weichbold, 2010, S. 8). Zusätzlich können mit steigendem Alter degenerative Veränderungen des Knorpels vorliegen. Es wurden aber bis dato keine Diagnose gestellt. Zu den anthropometrischen Faktoren gehören die Gelenkigkeit und Dehnfähigkeit. Die Dehnfähigkeit ist durch die Elastizität des Gelenks umgebenden Muskeln, Sehnen und Bindegewebe gekennzeichnet und kann durch ein Beweglichkeitstraining beeinflusst werden. Da Frau A. eine oftmals sitzende Position einnimmt, ist die Elastizität nicht ausgeschöpft. Die Gelenkigkeit wird durch die Art und Struktur des jeweiligen Gelenks definiert und ist nicht durch ein Beweglichkeitstraining beeinflussbar (Albrecht, 2001, S. 15). Exogene Faktoren, wie die Temperatur, Tageszeit und die Ermüdung der Muskulatur spielen ebenfalls eine Rolle. Das Beweglichkeitstraining wurde um 17 Uhr durchgeführt, was eine reduzierte Beweglichkeit morgens ausschließt. Aufgrund keiner sportlichen Aktivität vor der Messung kann auch kein erhöhter Muskeltonus die Beweglichkeit beeinträchtigt haben, die Raumtemperatur als Umgebungstemperatur erschließt ebenfalls keinen großen Einfluss auf die Beweglichkeit.

3 Trainingsplanung Beweglichkeitstraining

Nachdem im zweiten Kapitel ein Beweglichkeitstest durchgeführt wurde und die Ergebnisse erhoben und interpretiert worden sind, kann ein individuell angepasster Trainingsplan inklusive Belastungsgefüge für Frau A. erstellt werden.

3.1 Detaillierte Durchführungsbeschreibung der Dehnübungen

3.1.1 Kopf seitwärts Neigen

Frau A. stellt sich auf die Übungsmatte. Sie schaut gerade aus. Um die Dehnung zu beginnen, neigt sie den Kopf zur Seite und hält diesen dort mit einer Hand. Zur Verstärkung zieht die gegenüberliegende Hand nach unten Richtung Boden. Dabei ist die Arbeitsweise statisch und die Dehnmethode passiv. Die Zielmuskulatur ist: M. trapezius pars descendens. Anschließend wird in die gegenüberliegende Richtung gedehnt (Freiwald, 2013, S. 321).

3.1.2 Dehnung des Brustmuskels im Stand

Frau A. bleibt für diese Übung weiterhin in der identischen Standposition und verschränkt ihre Hände hinter dem Körper. Sie achtet darauf, dass die Handflächen dabei nach innen zeigen. Um als nächstes die Brustmuskulatur zu dehnen, werden die Arme im Wechsel leicht abgesenkt und dann wieder angehoben. Man muss sie zusätzlich darauf hinweisen, dass die Schultern während der gesamten Ausführung entspannt bleiben und der Oberkörper aufrecht. Die Arbeitsweise dieser Dehnung ist dynamisch, die Dehnmethode ist aktiv. Die anvisierten Muskeln sind: M. pectoralis major, M. biceps brachii, M. deltoideus pars claviucularis (Deutsche Hochschule für Prävention und Gesundheitsmanagement, 2018).

3.1.3 Dehnung der Schulterblattfixatoren im Stand

Frau A. bleibt weiterhin im Stand, um nun die Schulterblattfixatoren zu dehnen. Die Hände hebt sie auf Schulterhöhe und verschränkt sie vor dem Körper.
Um die Dehnung herbeizuführen, bewegt sie ihre Schulterblätter von der Wirbelsäule nach vorne und neigt dabei leicht den Kopf, ohne dass die Schultern sich anheben.

Die Arbeitsweise ist statisch und die Dehnmethode aktiv. Die Zielmuskulatur ist: Mm. rhomboidei, M. trapezius (Deutsche Hochschule für Prävention und Gesundheitsmanagement, 2018).

3.1.4 Dehnung der seitlichen Bauchmuskeln im Stand

Um nun den Rumpfbereich zu dehnen, bleibt Frau A. im Stand. Sie führt beide Arme seitlich in eine maximale Spreizung und kreuzt sie dann über den Kopf. Wenn diese Position eingenommen worden ist, lehnt sie sich nun zur Seite und achtet dabei, dass ihre Haltung gerade bleibt und ihr Becken sich nicht mitbewegt. Die Ausführung wird links- und rechtsseitig durchgeführt. Die Arbeitsweise ist statisch und die Dehnmethode aktiv. Die Zielmuskulatur ist: M. latissimus dorsi, M. obliquus externus, M. obliquus externus (Deutsche Hochschule für Prävention und Gesundheitsmanagement, 2018).

3.1.5 Dehnung der Kniestreckmuskulatur

Frau A. verbleibt weiterhin in einer standfesten Position auf der Matte. Sie winkelt das zu dehnende Bein an und greift dieses mit ihren Händen am Fuß oder Unterschenkel, sodass sie es Richtung Gesäß ziehen kann, um die Dehnung herbeizuführen. Um die Dehnung zu starten, schiebt sie ihr Becken nach vorne. Die Ausführung wird beidseitig durchgeführt. Die Arbeitsweise ist aktiv, die Dehnmethode statisch. Die anvisierte Zielmuskulatur ist: M. quadriceps femoris (Oertel-Knöchel & Hänsel, 2015, S. 244).

3.1.6 Dehnung der Hüftbeugemuskulatur

Frau A. begibt sich nun in einen Kniestand. Dann streckt sie ein Bein nach hinten, sodass ihr Unterschenkel flächig auf der Matte aufliegt. Das andere Bein stellt sie vorne auf und achtet darauf, dass die Fußsohle ebenfalls flächig auf der Matte aufliegt. Nun stützt sie ihren Oberkörper am vorderen Standbein ab. Um die Dehnung herbeizuführen, wird das Becken nach vorne geschoben und leicht abgesenkt. Um dynamisch zu arbeiten, wird das Becken zwischendurch in die Ausgangsposition bewegt, um den Zug auf das zu dehnende Bein zu nehmen. Die Ausführung ist passiv. Danach wird die Seite gewechselt. Die anvisierten Muskeln sind: M. iliopsoas, M. rectus femoris (Deutsche Hochschule für Prävention und Gesundheitsmanagement, 2018).

3.1.7 Dehnung des Rückenstreckers

Frau A. begibt sich jetzt in einen Vierfüßlerstand auf der Matte. Um die Dehnposition einzunehmen, gelangt sie in den sogenannten „Katzenbuckel":

Sie spannt ihre Bauchmuskulatur an und krümmt ihre gesamte Wirbelsäule. Die Arbeitsweise ist aktiv, die Dehnmethode statisch. Die anvisierte Zielmuskulatur ist: M. erector spinae (Oertel-Knöchel & Hänsel, 2015, S. 229).

3.1.8 Dehnung des Gesäßes in Rückenlage

Um Frau A. nach den vielen Standübungen etwas weiter in die entspannte Komponente der Dehnübungen zu führen, darf sie sich nun in Rückenlage auf die Matte legen.

Das eine Bein winkelt sie im Kniegelenk so an, dass die Fußsohle flächig auf der Matte platziert ist. Das andere Bein wird mit dem Unterschenkel auf dem Oberschenkel des angewinkelten Beines abgestellt, sodass die Hüfte eine Außenrotation durchführt. Nun fassen beide Hände die Rückseite des auf den Boden abgestellten Oberschenkel an und ziehen das Bein Richtung Körper. Nachdem die Dehnung beendet ist, wechselt sie die Beinseite. Die Arbeitsweise ist passiv, die Dehnmethode ist statisch. Die anvisierte Muskulatur ist der M. gluteus maximus, der M. gluteus medius und der M. gluteus minimus (Deutsche Hochschule für Prävention und Gesundheitsmanagement, 2018).

3.1.9 Dehnung der ischiocruralen Muskulatur im Liegen

Frau A. bleibt in Rückenlage auf eine Matte. Das nicht zu dehnende Bein wird angewinkelt und mit der ganzen Fußsohle auf der Matte aufgestellt. Das zu dehnende Bein wird mit einer vollständigen Knieextension von der Matte angehoben, dabei umfasst Frau A. den Oberschenkel an der Oberschenkelrückseite und zieht das Bein soweit ran, bis das Bein durch eine Kontraktion des vierköpfigen Schenkelmuskels mit einer maximalen Dehnintensität gestreckt ist. Diese Position wird für sechs bis zehn Sekunden gehalten, danach wird das Bein für zwei bis drei Sekunden entspannt, indem die Hände den Oberschenkel wieder etwas vom Körper wegführen. Anschließend wird die Dehnung aktiv für zwanzig Sekunden eingenommen. Danach wird die Seite gewechselt. Diesen Vorgang wiederholt man, bis eine Minute vergangen ist. Die Dehnmethode dieser Übung ist passiv, die Arbeitsweise postisometrisch. Die anvisierten Muskeln sind: M. biceps femoris, der M. semitendinosus, M. semimembranosus, M. adductor magnus. (Oertel-Knöchel & Hänsel, 2015, S. 245).

3.1.10 Wadendehnung im Stand

Frau A. stellt sich für die letzte Dehnübung wieder in den aufrechten Stand, dann in eine breite Schrittstellung, indem das zu dehnende Bein wird nach hinten aufgestellt. Dabei muss darauf geachtet werden, dass der Fuß ganzflächig aufliegt und das Knie durchgestreckt ist. Das vordere Bein ist gebeugt. Der Oberkörper wird leicht nach vorne gebeugt, sodass er mit dem hinteren Bein eine Linie bildet und beide Füße nach vorne ausgerichtet sind. Die Dehnung startet, wenn durch die Verlagerung des Körperschwerpunktes nach vorne unten, also bei stärkerer Kniebeugung des vorderen Beines, eine stärkere Dorsalextension im hinteren Bein stattfindet. Dabei heben die Fußsohlen nicht vom Boden ab, die Knie sollten nicht über die Fußspitze herausgeschoben werden. Es sollte eine maximale Dehnintensität durchgeführt werden. Um eine dynamische Dehnmethode herbeizuführen, wird das vordere Bein im Wechsel im Kniegelenk leicht gebeugt und wieder gestreckt. Jede Beinseite sollte zehn bis fünfzehn Wiederholungen durchführen. Die Arbeitsweise ist passiv. Die Zielmuskulatur ist: M. gastrocnemius, M. soleus (Oertel-Knöchel & Hänsel, 2015, S. 245).

3.2 Belastungsgefüge des Dehnprogrammes

Tab. 5: Belastungsgefüge des Dehnprogramms

Belastungsgefüge	
Trainingshäufigkeit	Zwei bis dreimal wöchentlich
Sätze pro Übung	Zwei bis drei Sätze pro Übung
Dehndauer	Zwanzig Sekunden bei statischer Dehnmethode
	Zehn bis fünfzehn Wiederholungen bei dynamischer Dehnmethode
Maximale Dehnintensität bei:	Dehnung der Brustmuskulatur im Stand
	Dehnung der Hüftbeugemuskulatur
	Wadendehnung im Stand
	Dehnung der ischiocruralen Muskulatur im Liegen
Weiche Dehnintensität bei:	Kopf seitwärts neigen
	Dehnung der Schulterblattfixatoren im Stand
	Dehnung der seitlichen Bauchmuskeln im Stand
	Dehnung der Kniestreckmuskulatur
	Dehnung des Rückenstreckers
	Dehnung des Gesäßes in Rückenlage

3.3 Begründung des Dehnprogramms

Aufgrund der mangelhaften Bewegung und der einseitigen Haltung in Beruf und Hobby hat Frau A. wohlmöglich die Beweglichkeitsdefizite erworben. Zusätzlich wurde bei ihr in der durchgeführten Anamnese ein Totalrundrücken festgestellt. Es müssen somit die Muskelgruppen mit leichter und deutlicher eingeschränkter Beweglichkeit, die tagtäglich dem Ansatz- und Ursprung angenähert sind, also Brust-, Kniebeuge-, Hüftbeuge- und Wadenmuskulatur definitiv im Trainingsplan berücksichtigt werden.

Um zusätzlich einen Schwerpunkt auf diese Muskelgruppen zu legen, sollte dort ebenfalls mit einer maximalen Dehnintensität gedehnt werden, da hier die durchschnittliche Vergrößerung der Bewegungsamplitude im Gelenk wahrscheinlich höher ausfallen wird (Marschall, 1999, S. 6 f.). Die maximalen Dehnintensität wurde in Anlehnung an die Erkenntnisse von Schönthaler et al. (1998, S. 225) gewählt. Es sollte ein „größtmögliches Dehngefühl, welches sofort nach Erreichen wieder aufgelöst werden muss" durchgeführt werden, also eine Dehnung an der Schmerzgrenze. Die milde, submaximale Intensität wurde als „deutlich spürbares Dehngefühl" (Schönthaler et al,, 1998, S.225) definiert.

Auch die dynamische Dehnmethode wies in einigen Studien eine höhere Vergrößerung der Bewegungsamplitude auf, als die passive. Wydra et al. (1999, S. 10 ff) stellten fest, dass durch das dynamische Dehnen eine größere Gelenkreichweite erzielt werden konnte. Es wurde auch in einer Studie bezüglich der Reflexaktivität von Ostering et al. (1987, S 298 ff.) bei der dynamischen und postisometrischen Dehnmethode im Vergleich zur statischen Dehnmethode eine Verbesserung der Gelenkreichweite erzielt, obwohl dort größere, reflektorischen Kontraktionen im Vergleich zum statischen Dehnen stattfinden. In Anlehnung zu diesen Studien dazu wurden daher die Muskelgruppen mit den höchsten Bewegungsdefiziten mit der dynamischen Dehnmethode gedehnt.

Theoretisch ist es wissenschaftlich umstritten, dass ein Dehnprogramm mit dynamischer Dehnmethode die Muskulatur „entspannt" und die Ruhespannung mit einer gleichzeitig besseren Beweglichkeit sinkt. Jedoch möchte Frau A. auch ihr Wohlbefinden steigern und einen Ausgleich finden. Daher ist es sinnvoll, dass auch statische Dehnübungen für sie ins Programm miteingebaut werden. Die statische Dehnmethode wirkt besonders entspannt, da mit einer gleichbleibenden Dehnungsspannung gearbeitet wird und sich die Muskelspannung dann geringer bemerkbar macht.

Zusätzlich wäre ein Programm mit ausschließlich dynamischer Durchführung und maximaler Intensität eine Überforderung für sie, da sie aufgrund der geringen Erfahrung im Sportbereich noch als Beginner einzustufen ist. Die dynamischen Ausführungen sollen mit höchstens fünfzehn Wiederholungen durchgeführt werden, da mehr Wiederholungen keinen größeren Trainingseffekt aufweisen können (Glück, 2005, S. 99). Über die Dauer der statischen Dehnung herrscht eine große Uneinigkeit. In Anlehnung zu Jordan & Schwichtenberg (2005, S.44) sollte die Dehndauer jedoch mindestens fünfzehn, jedoch nicht über 45 Sekunden liegen. Als Anfängerin sind 20 Sekunden ausreichend. Die Dehndauer kann nach einigen Wochen jedoch auf 30 Sekunden erhöht werden. Die postisometrische Dehnung sollte mit einer isometrischen Kontraktion von 6 bis 10 Sekunden stattfinden, danach 2 bis 3 Sekunden entspannen und zuletzt für zwanzig Sekunden als Dehnung eingenommen werden (Sölveborn, 1989, S. 13).

Das Dehnprogramm sollte mindestens zwei bis dreimal pro Woche durchgeführt werden mit einer Mindestdauer von 10 Wochen. Eine Langzeitbehandlung liefert in einem Rhythmus von zwei Einheiten wöchentlich in einem Zeitraum von zehn Wochen eine durchschnittliche Verbesserung der Beweglichkeit um 22% (Borms et al, 1987, S. 39 ff.), wobei singuläre Dehnungsmaßnahmen eine Verbesserung von durchschnittlich 5% erzielen (Henricson et al. 1984, S. 110 ff.). Jede nun aufgezählte Übungsserie wird dabei zwei bis dreimal durchgeführt (Freiwald, 2013, S. 299 f.). Zusätzlich sollte auch aufgrund des Totalrundrückens die Kräftigung des Gesäßes, des Rumpfes und der Schulterblattretraktoren stattfinden, falls möglich.

4   Trainingsplanung Koordinationstraining

Im vierten Kapitel ist nun eine Übungsreihe im Sinne eines Koordinationstrainings für Frau A. aufgeführt, um die motorische Fähigkeit der Koordination, also das „Zusammenwirken von Zentralnervensystem und Skelettmuskulatur innerhalb eines gezielten Bewegungsablaufes" (Hollmann & Hettinger, 2000, S. 143) zu verbessern. Schwerpunkt dabei ist vor allem die spezielle koordinative Fähigkeit des Gleichgewichts (Chwilkowski, 2006, S. 10f.), die Übungen wurden in Anlehnung an Kempf (2013) gewählt.

4.1 Übungsreihe des Koordinationstrainings

4.1.1 Zweibeinstand mit geöffneten Augen und nach vorne gestreckten Armen

Frau A. stellt sich in einen stabilen Stand auf einem festen Untergrund, dabei sind beide Füße gleichmäßig belastet, sodass der Körperschwerpunkt in alle Richtungen gleichmäßig verlagert werden kann. Anschließend werden beide Arme mit einer Anteversion im Schultergelenk und Extension im Ellenbogengelenk 90 Grad vom Körper wegbewegt. Diese Position wird nun gehalten.

4.1.2 Einbeinstand mit geöffneten Augen

Frau A. stellt sich auf einen festen Untergrund. Ein Bein wird nach vorne angehoben und im Kniegelenk angewinkelt, sodass es sich jetzt in der Luft befindet und sie sich in einem Einbeinstand befindet. Die Arme befinden sich seitlich am Körper. Diese Position wird nun gehalten (Kempf, 2013, S. 118).

4.1.3 Einbeinstand mit geöffneten Augen und Kopfdrehung

Frau A. begibt sich in einen Einbeinstand, indem sie ein Bein nach vorne anhebt und im Kniegelenk anwinkelt. Zusätzlich dreht sie ihren Kopf nach rechts und links, soweit es für sie möglich ist (Kempf, 2013, S. 120).

4.1.4 Einbeinstand mit geschlossenen Augen

Frau A. stellt sich auf einen festen Untergrund. Nun begibt sie sich in den Einbeinstand, indem sie ein Bein nach vorne abhebt und im Kniegelenk anwinkelt, sodass dieses in der Luft ist. werden beide Augen geschlossen und diese Position gehalten (Kempf, 2013, S. 118).

4.1.5 Einbeinstand mit geschlossenen Augen und Kopfdrehung

Frau A. verbleibt weiterhin auf dem festen Untergrund. Nun begibt sie sich in den Einbeinstand und schließt beide Augen. Zusätzlich wird der Kopf nach rechts und links rotiert (Kempf, 2013, S. 120).

4.1.6 Zweibeinstand auf Balanceball mit geöffneten Augen und nach vorne gestreckten Armen

Frau A. stellt sich auf einen Balanceball, dabei sind beide Füße gleichmäßig belastet und die Fußsohlen flächig auf dem Ball. Anschließend werden beide Arme mit einer Anteversion im Schultergelenk und Extension im Ellenbogengelenk 90 Grad vom Köper wegbewegt. Nun verbleibt sie in dieser Position (Kempf, 2013, S. 118).

4.1.7 Zweibeinstand auf Balanceball mit geschlossenen Augen

Frau A. stellt sich auf einen Balanceball, dabei sind beide Füße gleichmäßig belastet und die Fußsohlen flächig auf dem Ball. Die Arme befinden sich seitlich am Körper. Zusätzlich werden beide Augen geschlossen. Nun verbleibt sie in dieser Position (Kempf, S. 2013, S. 118).

4.1.8 Einbeinstand auf Balanceball mit geöffneten Augen

Frau A. stellt sich auf den Balanceball. Dann begibt sie sich in den Einbeinstand, indem sie ein Bein nach vorne anhebt und im Kniegelenk anwinkelt. Es muss darauf geachtet werden, dass die Fußsohle des Standbeines flächig auf dem Balanceball bleibt. Diese Position wird nun gehalten (Kempf, S. 120, S. 118).

4.1.9 Zwei-Beinstand mit geschlossenen Augen auf einem Balanceball

Frau A. stellt sich mit beiden Füßen auf den Balanceball, dabei sind beide Füße gleichmäßig belastet. Nun schließt sie beide Augen. Diese Position wird gehalten (Kempf, 2013, S. 118).

4.1.10 Einbeinstand mit geschlossenen Augen auf einem Balanceball

Frau A. stellt sich erst mit beiden Füßen auf den Balanceball, dann begibt sie sich in den Einbeinstand, indem sie ein Bein nach vorne anhebt und im Kniegelenk anwinkelt. Nun schließt sie beide Augen (Kempf, 2013, S. 120).

4.2 Belastungsgefüge des Gleichgewichtstrainings

Tab. 6: Belastungsgefüge des Gleichgewichtstrainings

Belastungsgefüge des Koordinationstrainings	
Trainingshäufigkeit pro Woche	Zwei bis dreimal pro Woche
Sätze pro Übung	Maximal fünf Sätze
Satzpausen	Zwischen 10 und 120 Sekunden je nach Intensität
Bewegungsdauer	5-15 Sekunden bei statischen Übungen 5-30 Wiederholungen bei dynamischen Übungen

4.3 Begründung des Koordinationstrainings

Die Übungsreihe für Frau A. ist ein einfach gewähltes Einstiegsprogramm, da sie noch keine Erfahrung im Koordinationstraining hat. Zudem merkt sie, dass ihr das Gleichgewicht fehlt, wenn sie zum Beispiel vereiste Flächen überquert. Somit ist hier ausschließlich ein in Schwerpunkt auf die Verbesserung des Gleichgewichts und die Stabilisation des Sprunggelenks gesetzt, auch als Sturzprophylaxe.

Es ist hier von hoher Relevanz, die methodisch-didaktischen Prinzipien zu beachten, also die Übungsreihe vom Einfachen ins Komplexe zu führen. Der Untergrund wurde beispielsweise bewusst durch einen instabilen Untergrund ergänzt. Zudem wurde durch das Schließen der Augen eine Variation der Informationsaufnahme durchgeführt, indem der visuellen Informationskanal ausgeschaltet wird. Die dynamische Komponente, also das Rotieren des Kopfes, erschwert die Übungsreihe zusätzlich. Das Koordinationstraining sollte zwei bis dreimal wöchentlich durchgeführt werden, um eine genügende Regenerationszeit und propriorezeptive Anpassungen zu ermöglichen. Es sollten mindestens 12-48 Stunden sein. Bei statischen Übungen sollte die Spannungsdauer fünf bis fünfzehn Sekunden andauern. Die dynamischen Übungen können mit fünf bis dreißig Wiederholungen durchgeführt werden. Jede Übung kann auf einer Seite mehrmals wiederholt werden oder im Wechsel rechts und links trainiert werden. Die Pausendauer sollte circa zehn Sekunden bis zwei Minuten andauern, abhängig von der Übungsintensität (Häfelinger & Schuba, 2013, S. 92).

5 Literaturrecherche

Im fünften Kapitel sind zwei Studien bezüglich des Zusammenhangs zwischen eines Dehnprogramms und der Veränderung der körperlichen Leistungsfähigkeit aufgeführt:

Tab. 7: Studie zur Effektivität eines statischen Dehnprogrammes bezüglich der Sprungleistung an gesunden Probanden (Palaniappan, Pasupatham & Kalirathinam, 2013)

Studie 1 Effect of Static Stretching On Vertical Jump Performance on Apparently Healthy Subjects	
Name des Verfassers	Balaji Palaniappan, V. Pasupatham, Deivendran Kalirathinam
Jahr der Publikation	2013
Versuchspersonen	100 männliche Studenten in einem Alter zwischen achtzehn und fünfundzwanzig Jahren wurden von der Annamalai Universität ausgewählt, die einen BMI zwischen 18,5 und 25 haben und keine Verletzungen unterer Extremitäten oder andere Gelenkerkrankungen diagnostiziert wurden
Versuchsaufbau	Die 100 Probanden wurden zufällig anhand der Auswahlkriterien für den Versuch ausgewählt. Ihre Sprungleistung wurde vor und nach einem Dehnprogramm getestet. Die Aufgabe war es in drei Versuchen so hoch zu springen wie möglich: Die Probanden stellten sich an eine Wand und streckten ihre Arme so hoch es geht. Diese Höhe wurde an der Wand markiert. Daraufhin sprangen sie maximal hoch und berührten dann die Wand an diesem Punkt. Die Differenz von Standhöhe und Sprunghöhe wurde daraufhin berechnet. Das gesamte Prozedere wurde mit einer Videokamera gefilmt. Drei Sprünge wurden jeweils direkt vor und direkt nach einem statisch passiven Dehnprogramm durchgeführt. Die Ergebnisse der Differenz von Standhöhe und Sprunghöhe vor und nach dem Dehnprogramm wurden dokumentiert und zusammenaddiert, um daraus den Mittelwert zu berechnen und zu vergleichen. Der Tester dehnte jeweils die Probanden jeweils im linken und rechten Beinstreckern, Waden und Beinbeuger. Es wurden zwei Sätze mit 15 Sekunden Dehndauer durchgeführt. Das Ziel dieser Studie war es herauszufinden, ob statisch passives Dehnen eine Auswirkung auf die Sprungleistung besitzt.
Ergebnisse und Schlussfolgerung	Der Mittelwert der Differenzen von Standhöhe und Sprunghöhe beträgt vor dem Dehnprogramm 39,59 und die Standardabweichung 7,48. Der Mittelwert der Differenzen von Standhöhe und Sprunghöhe beträgt nach dem Dehnprogramm 44 und die Standardabweichung 7,09. Mit einem gepaarten T-Test konnte zudem festgestellt werden, dass ein signifikanter Unterschied (P=0,00) zwischen der Differenz von Stand- und Sprunghöhe vor und nach dem Dehnprogramm vorliegt. Somit kann eine Verbesserung der Leistungsfähigkeit im Sport, die explosive Sprungleistung benötigt, wie beispielsweise Basketball durch ein statisch passives Dehnprogramm der beteiligten Muskulatur gewährleistet werden.

Tab. 8: Studie zur Effektivität eines statisch passiven Dehnprogramm bezüglich der Sprintleistung (Nelson et al, 2004)

Studie 2 Acute effects of passive muscle stretching on sprint performance	
Name des Verfassers	Arnold G. Nelson, Nicole M. Driscoll, Dennis K. Landin, Michael A. Young, Irving C. Schexnayder
Jahr der Publikation	2004
Versuchspersonen	16 Versuchspersonen, davon 11 männlich und 5 weibliche Leichtathleten der Louisiana State University, welche seit mindestens zwei Jahren fast jeden Tag Sprints, Sprünge und Zehnkampf praktizieren. Das Alter der männlichen Probanden war zwischen 19 und 23 Jahren, die Höhe zwischen 175 cm und 191 cm und das Gewicht zwischen 60,8 kg und 83,6 kg. Das Alter der weiblichen Probanden war zwischen 18 und 20 Jahren, die Höhe zwischen 172 und 174 cm und das Gewicht zwischen 60,8 kg und 74,4 kg.
Versuchsaufbau	In einer vierwöchigen Studie wurde in einem wöchentlichen Abstand immer Montags die Zeit eines 20 Meter Sprints in drei Durchgängen der Versuchspersonen jeweils nach einem statisch passiven Dehnprogramm für beide Beine, keiner der beiden Beine und Dehnung des vorderen, als auch des hinteren Beines in der Sprintstartposition gemessen. Bevor das Dehnprogramm startete, mussten die Probanden sich mithilfe von Joggen (800 m), Vorwärtssprünge (4 x 30 m), Seitsprünge (4 x 30 m) und Rückwärtssprünge (4 x 30 m) aufwärmen. Das Dehnprogramm enthielt die statisch passive Dehnung der Beinbeuger, Beinstrecker und der Wadenmuskulatur. Jede Dehnübung wurde vier Mal mit einer Dauer von 30 Sekunden ausgeführt. Nach 5-10 Minuten wurde dann der Sprint mit drei Wiederholungen und Pausen von mindestens einer Minute auf einer gummierten Fläche durchgeführt. Die Zeiten der drei Durchgänge wurden dann jeden Montag zusammenaddiert, um daraus den Mittelwert zu berechnen und alle vier verschiedenen Tage vergleichen zu können Das Ziel war es dabei herauszufinden, inwieweit das Dehnen den der Sprint die Schnelligkeit beeinflusst.
Ergebnisse und Schlussfolgerung	Mit einem Post-hoc-Test konnte festgestellt werden, dass ein signifikanter Unterschied zwischen der Sprintleistung vor einem Dehnprogramm, ob beider Beine oder eines Beines vorliegt (P=0,009), jedoch kein Unterschied der Sprintleistung bezüglich der Dehnprogramme beider Beine und des vorderen und hinteren Beines in der Startposition. Das Dehnen beider Beine und das Dehnen der jeweils einzelnen Beine, die in der Startposition sowohl hinten, als auch vorne positioniert sind, verschlechtert die Sprintleistung um durchschnittlich 0,04 Sekunden. Somit kann ein Dehnprogramm, welches ein Großteil der beanspruchten Muskulatur oder auch nur einen Teil der Muskulatur bearbeitet, die Ausdauerleistung im Sprint verschlechtern.

6 Literaturverzeichnis

Albrecht, K., Meyer, S. & Zahner, L. (2001). *Stretching. Das Expertenhandbuch ; Grundlagen für Trainer und Sportler* (Manuelle Medizin, 3. Auflage). Heidelberg: Haug.

Baur, J., Bös, K., Singer, R., Brinkhoff, K. (Hrsg.). (op. 1994). *Motorische Entwicklung. Ein Handbuch* (Beiträge zur Lehre und Forschung im Sport, Bd. 106). Schorndorf: K. Hofmann.

Borms, J., van Roy, P., Santens, J. P. & Haentjens, A. (1987). Optimal duration of static stretching exercises for improvement of coxo-femoral flexibility. *Journal of sports sciences, 5* (1), 39-47.

Deutsche Hochschule für Prävention und Gesundheitsmanagement. (2018). *Übungssammlung Dehnung*. BSA Akademie. Zugriff am 24.09.2018. Verfügbar unter https://ilias.dhfpg.de/ilias.php?baseClass=ilSAHSPresentationGUI&ref_id=2747657. Zuletzt geprüft am: 01.10.2018.

Chwilkowski, C. (2006). *Medizinisches Koordinationstraining. "Verbesserung der Haltungs- und Bewegungskoordination durch Propriozeption"* (2. Aufl.). Köln: Dt. Trainer-Verl.

Cornelius, W. L. & Hinson, M. M. (1980). The relationship between isometric contractions of hip extensors and subsequent flexibility in males. *The Journal of sports medicine and physical fitness, 20* (1), 75-80.

Dordel, H. Die Muskeldehnung als Maßnahme der motorischen Leistungsverbesserung. *Sportunterricht, 24* (2)

Dordel, S. (1991). *Bewegungsförderung in der Schule. Handbuch des Schulsonderturnens, Sportförderunterrichtes* (2., verb. Aufl.). Dortmund: Verl. Modernes Lernen.

Pi-Sunyer, F-X. (Ed.). (1998). *Clinical Guidelines on the Identification, Evaluation, and Treatment of Overweight and Obesity in Adults--The Evidence Report. National Institutes of Health* (98-4083).

Freiwald, J. (2013). *Optimales Dehnen. Sport - Prävention - Rehabilitation*. Balingen: Spitta-Verl.

Glück, S. *Beeinflussung der Beweglichkeit durch unterschiedliche physische und psychische Einwirkungen*. Saarbrücken: Universität des Saarlandes.

Häfelinger, U. & Schuba, V. (2013). *Koordinationstherapie. Propriozeptives Training* (Wo Sport Spass macht, 6. Aufl.). Aachen: Meyer & Meyer.

Henricson, A. S., Fredriksson, K., Persson, I., Pereira, R., Rostedt, Y. & Westlin, N. E. (1984). The effect of heat and stretching on the range of hip motion*. *The Journal of orthopaedic and sports physical therapy, 6* (2), 110-115.

Hollmann, W., Hettinger, T. & Strüder, H. K. (2000). *Sportmedizin. Grundlagen für Arbeit, Training und Präventivmedizin* (4., völlig neu bearb. und erw. Aufl.). Stuttgart: Schattauer.

Hottenrott, K. & Seidel, I. (2016). *Handbuch Trainingswissenschaft/Trainingslehre* (Beiträge zur Lehre und Forschung im Sport, Bd. 200, 1. Aufl.). Schorndorf, Württ: Hofmann.

Janda, V. (2000). *Manuelle Muskelfunktionsdiagnostik*. München: Elsevier, Urban & Fischer.

Jordan, A. & Schwichtenberg, M. (2005). *Kräftigen und Dehnen* (2. Aufl.). Aachen: Meyer und Meyer.

Kempf, H.-D. (2013). *Ganzkörpertraining. Kraft - Beweglichkeit - Koordination* (2., korrigierte Aufl.). Wiebelsheim: Limpert.

Lindel, K. (2006). *Muskeldehnung. Grundlagen, differentialdiagnostik, therapeutische dehnungen, eigendehnungensehen - verstehen - uben - anwenden*. Berlin: Springer.

Mancia, G., Fagard, R., Narkiewicz, K., Redón, J., Zanchetti, A., Böhm, M. et al. (2013). 2013 ESH/ESC Guidelines for the management of arterial hypertension: the Task Force for the management of arterial hypertension of the European Society of Hypertension (ESH) and of the European Society of Cardiology (ESC). *Journal of hypertension, 31* (7), 2165.

Marschall, F. (1999). Wie beeinflussen unterschiedliche Dehnintensitäten kurzfristig die Veränderung der Bewegungsreichweite? *Deutsche Zeitschrift für Sportmedizin, 50,* S. 6-9. Zugriff am 01.10.2018. Verfügbar unter https://www.germanjournalsportsmedicine.com/fileadmin/content/archiv1999/Heft01/1999_01_MUSKELDEHNUNG.pdf

Martin, D., CARL, K. & Lehnertz, K. (1993). *Handbuch Trainingslehre* (Beiträge zur Lehre und Forschung im Sport, Bd. 100, [2e édition]. Schorndorf: Hofmann.

Nelson, A. G., Driscoll, N. M., Landin, D. K., Young, M. A. & Schexnayder, I. C. (2005). Acute effects of passive muscle stretching on sprint performance. *Journal of sports sciences, 23* (5), 449-454. Zugriff am 08.10.2018. Verfügbar unter https://www.tandfonline.com/doi/full/10.1080/02640410410001730205?scroll=top&needAccess=true&

Oertel-Knöchel, V. & Hänsel, F. (Hrsg.). (2016). *Aktiv für die psyche. Sport und bewegungsinterventionen bei psychisch kranken menschen.* Heidelberg: Springer Science and Business Media.

Osternig, L. R., Robertson, R., Troxel, R. & Hansen, P. (1987). Muscle activation during proprioceptive neuromuscular facilitation (PNF) stretching techniques. *American journal of physical medicine, 66* (5), 298-307.

Palaniappan, B., Pasupathm, V. & Kalirathinam, D. (2013). Effect of Static Stretching On Vertical Jump Performance on Apparently Healthy Subjects. *IOSR Journal of Nursing and Health Science, 2* (2), 50-52. Zugriff am 01.10.2018. Verfügbar unter http://www.iosrjournals.org/iosr-jnhs/papers/vol2-issue2/I0225052.pdf

Schoenthaler, S. R., Ohlendorf, K., Ott, H., Meyer, T., Kindermann, W. & Schmidtbleicher, D. Biomechanische und neurophysiologische Parameter zur Erfassung der Dehnbarkeit von Muskel-Sehnen-Einheiten. *Deutsche Zeitschrift für Sportmedizin, 7/8,* S. 223-230.

Sölveborn, S.-A. (1989). *Das Buch vom Stretching. Beweglichkeitstraining durch Dehnen und Strecken* (4. Aufl.). München: Mosaik-Verl.

Weichbold, V. (2010). *Über die psychomuskuläre Korrelation.* Verfügbar unter http://www.vww.at/E_Psychomuskulaere%20Korrelation.pdf

Wydra, S., Glück, S., Römer, K. (1999). Kurzfristige Effekte verschiedener singulärer Muskeldehnungen. *Deutsche Zeitschrift für Sportmedizin,* S. 10-16.

7   Tabellenverzeichnis

BEI GRIN MACHT SICH IHR WISSEN BEZAHLT

- Wir veröffentlichen Ihre Hausarbeit,
  Bachelor- und Masterarbeit

- Ihr eigenes eBook und Buch -
  weltweit in allen wichtigen Shops

- Verdienen Sie an jedem Verkauf

Jetzt bei www.GRIN.com hochladen
und kostenlos publizieren